AF357242

RÉFLEXIONS

D'UN ADMINISTRATEUR,

Sur l'admiſſion des Députés de St. Domingue aux États-Généraux ,

Et ſur le régime nouveau qu'ils veulent établir dans cette Colonie.

REFLEXIONS

D'UN ADMINISTRATEUR,

Sur l'admission des Députés de St. Domingue aux États-Généraux,

Et sur le régime nouveau qu'ils veulent établir dans cette Colonie.

A PEINE la convocation des États-Généraux a-t-elle été reconnue indispensable pour réparer le désordre des Finances, que les planteurs de St. Domingue résidant en France, persuadés qu'un nouvel ordre de choses leur conviendroit mieux que celui qui existe, ont fait passer des Mémoires à tous les Colons pour les inviter à s'assembler, à demander leur admission, & à nommer des Députés.

Le Roi n'ayant pas voulu faire expédier de

A

lettres de convocation , parce qu'on lui avoit annoncé que les habitans n'étoient pas tous d'accord , & qu'il lui avoit paru plus convenable d'attendre que le vœu général de la Colonie fût mieux manifefté, les Députés fe font préfentés à l'Affemblée Nationale , qui n'a fait aucune difficulté de les admettre.

A préfent que cette admiffion eft prononcée fans aucune reftriction , que veut aujourd'hui la Colonie de St. Domingue ? Se préfente-t-elle à la Nation ou comme fœur, ou comme fille des provinces de France ? Dans le premier cas , elle ne doit pas être admife , parce qu'il ne doit pas y avoir d'égalité où la dépendance eft néceffaire ; dans le fecond cas , elle doit l'être , mais c'eft en promettant qu'elle obéira aux loix de fa mere, qui eft la Métropole.

Pour mieux développer ces principes , il eft néceffaire de faire connoître quelles doivent être la deftination & l'utilité des Colonies.

Le travail confidéré foit par rapport à l'agriculture , foit par rapport aux arts & à l'induftrie , ne peut arriver au terme de la plus grande utilité , que par le commerce. Le commerce à fon tour , ne peut en avoir que par la facilité des échanges. Lorſqu'il y a plus de choſes à vendre qu'il n'y en a à acheter , il faut avoir recours au conſommateur étranger. Dès qu'une fois la concurrence vient mettre des bornes à l'action du commerce même avec l'étranger , il faut avoir des Colonies où le ſuperflu de la culture , des arts & de l'induſtrie trouve un débouché facile pour être converti en denrées de luxe que l'habitude a rendu néceſſaires , & dont la vente eſt toujours plus aſſurée ; & c'eſt par le réſultat de ces échanges avec nos Iſles à ſucre , & les autres peuples de l'Europe , que nous avons depuis longtemps un avantage de ſoixante millions dans la balance du commerce.

Voilà ce qu'on peut dire de plus vrai , en peu de mots , ſur la deſtination & l'importance des Colonies.

Pour les rendre vraiment utiles , il faut les ſubordonner à la Métropole , parce qu'elle ne les a établies qu'en intention d'échanges. Delà il réſulte que la prohibition du commerce étranger doit être préférée , même à l'extension de leur culture. Il faut protéger dans la Métropole le commerce en faveur de la culture ; & dans les Colonies, au contraire, la culture en faveur du commerce. Tel eft le véritable rapport qui doit exifter entre l'une & l'autre : tel eft le principe auquel il faut tout rapporter dans l'adminiftration des Colonies, & dont on ne doit jamais s'écarter, à moins d'une néceffité abfolue & bien conftatée.

On voit, d'après cet expofé, que plus ces établiffemens différeront de la Métropole par leurs productions, plus ils deviendront utiles & plus ils feront dépendans ; ainfi ce ne font pas des Villes qu'il faut y établir, ce font des manufactures de fucre, de café & d'indigo. Ce n'eft pas d'hommes blancs inutiles, ou livrés à l'induftrie Européenne, qu'il faut peupler ces pays, mais bien de noirs, & fur-tout de noirs efclaves, car s'ils ne l'étoient pas, il eft prouvé qu'il n'y auroit plus de culture, & par conféquent plus de commerce.

S'il eft dans l'ordre politique de borner St. Domingue au feul échange de fes productions, il ne faut dans les plaines que des cultivateurs, comme il ne faut dans les Villes que des

Officiers militaires, d'adminiftration & de juftice, des négocians commiffionnaires & des artifans pour les premiers befoins. La réunion de ces individus que l'intérêt plus ou moins exalté agite fans ceffe, peut former encore une grande fociété; mais comment doit-on la confidérer à un auffi grand éloignement? Eft-il poffible d'y établir ce régime purement municipal que quelques hommes inftruits paroiffent défirer? Et peut-on s'attendre à trouver dans un tel pays, dont le premier lien doit être la dépendance, & dont l'intérêt particulier eft toujours contraire à celui de la Métropole, cet efprit public fi rare même dans les Gouvernemens modérés? Non; il ne faut pas s'abufer fur ce projet, il eft abfolument inexécutable.

Avant de ramener tout au Gouvernement purement municipal dans la Colonie de St. Domingue, il auroit fallu examiner avec attention de quels habitans elle eft peuplée, & fa pofition relative; on auroit vu que perfonne ne va fous ce climat dévorant pour y demeurer, mais pour y acquérir promptement une grande fortune, que les regards y font toujours tournés du côté de l'Europe , que l'habitant riche jouit toujours de sa fortune en France; que le procureur, le gérant ou l'économe , le pacotilleur , l'aubergiste & tous les aventuriers qui y paroiffent , n'ont d'autre véhicule que celui de l'intérêt , & d'autre projet que celui de revenir dans leur patrie.

Eft-ce à de pareils hommes qu'il faudra accorder la qualité de Citoyens ? Non fans doute , & je répete avec affurance qu'on ne trouvera jamais en eux cet efprit public & cette raifon éclairée qu'exigent des Affemblées municipales, & que fi jamais l'on s'arrête à cette idée, il n'en réfultera que des défordres & des défordres d'autant plus grands , qu'ils feront plus éloignés de l'autorité premiere qui pourroit les réprimer. Rome étoit libre, & fes Colonies ne l'étoient pas. On eft libre dans les Provinces-Unies, tandis qu'on fe profterne devant le Gouverneur de Batavia , & l'Amérique Anglaife fût certainement reftée dans la dépendance , fi la Nature ne l'eût pas placée dans une latitude favorable à tous les objets de premiere néceffité. Une Ifle comme St. Domingue ne ceffera donc jamais d'avoir un maître, parce qu'elle sera toujours dépendante par ses besoins, & il est évident qu'il sera dans la politique de la Puissance à qui elle appartiendra, de ne pas permettre qu'à une aussi grande distance, elle jouisse d'une liberté qui peut devenir nuisible à ses intérêts.

Cependant les habitans de St. Domingue, croyant devoir profiter de la circonstance orageuse où se trouve le Gouvernement, établissent aujourd'hui des prétentions qui me paroissent à la fois dangereuses & destructives pour le commerce. Ils desirent qu'on fasse cesser une grande partie de la prohibition, notamment celle qui porte sur les negres & sur les farines, & qu'on leur permette de payer ces objets avec les denrées coloniales. Ils disent qu'en achetant des étrangers les noirs à un meilleur compte, & qu'en leur vendant du sucre & du café à un meilleur prix, ils étendront davantage leur culture ; que par cette extension ils en deviendront plus riches, & qu'en devenant plus riches, ils en apporteront plus d'argent dans la Métropole.

Ce raisonnement est plus spécieux que solide ; car si l'on convient que Paris, ou telle autre Ville du Royaume , doit profiter un jour des revenus des capitaux que l'Américain viendra y confommer , il eft évident auffi que jufqu'à ce que cette fortune foit acquife , c'eft le feul commerce étranger qui aura été mis en activité , que c'eft lui qui en devenant le coopérateur de cette fortune , en aura partagé les bénéfices , & que la France aura vu détruire le fien au milieu de tous les moyens que la nature lui a donnés pour le faire profpérer : de-là plus d'armemens , plus de matelots , plus de marine Royale , &c.

On ne doute pas que les Américains ne veuillent bien fe foumettre à recevoir de la Métropole les vins , les huiles & les favons , & beaucoup d'objets de luxe , parce qu'elle feule peut les leur fournir ; mais quelle perte n'en réfultera-t-il pas pour nos négocians , quand ils fe verront forcés d'acheter leurs denrées coloniales en concurrence avec l'étranger ? ce fera un marché dans lequel le Colon fera toujours la loi , & le commerce de nos villes maritimes fe détruira infenfiblement par les pertes énormes qu'il éprouvera.

La Métropole , (difent les Américains) ne

» nous fournit point la morue , les effentes ,
» les bois de charpente , les merrains , les
» planches , &c. C'eft l'Amérique feptentrio-
» nale qui pourvoit à nos befoins en ce genre ;
» & il nous eft défendu de la payer autrement
» qu'en firops & taffias , dont le prix total ne
» s'éleve pas à la moitié de celui des objets
» qui nous font apportés ; nous fommes donc
» forcés de folder l'autre moitié avec notre
» numéraire , dont la difparition fait tarir la
» fource d'un commerce d'échange qui nous
» eft abfolument indifpenfable (1).

Si cette plainte eft réellement fondée , je penfe qu'il faut s'empreffer de rappeler dans la Colonie le commerce Efpagnol qu'on a femblé vouloir éloigner ; c'eft le feul moyen d'augmenter le numéraire au de-là des befoins & de maintenir dans toute leur intégrité les droits de la Métropole. S'écarter de cette di-rection c'eft attaquer une des propriétés Na-tionales , c'eft fouler aux pieds le principe

---

(1) On verra dans le tableau des exportations qu'on a placé à la fin de cet ouvrage, que St. Domingue ne donne dans fes paye-mens aux étrangers que le tiers en numéraires, & que les deux au-tres tiers font donnés en firops & taffias.

reconnu être le plus utile chez toutes les Nations maritimes.

Les Colons (1) ne se bornent pas dans leurs prétentions à se rendre indépendans de la Métropole pour les objets les plus importans du commerce, ils veulent encore établir une Assemblée Nationale ou Coloniale, qui ne reconnoisse d'autre pouvoir législatif que le sien, & faire resider le pouvoir exécutif dans la personne du Gouverneur; ils suppriment par conséquent l'Intendant, qui avoit la direction générale des Finances, qui comme premier Président, ou plutôt comme commissaire du Roi, étoit chargé de surveiller les tribunaux, & qui, par le pouvoir que lui donnoient ces deux qualités, servoit à tempérer tout ce que peut avoir de rigoureux ou d'injuste un Gouvernement purement militaire. Il est sans doute difficile, comme je l'ai déjà dit, de concevoir un plan qui soit

---

(1) On doit avertir ici qu'il y a un très-grand nombre de Colons à Paris qui ont manifesté plusieurs fois dans leurs Assemblées qu'ils ne desiroient point qu'on changeât rien aux loix prohibitives, & qu'ils demanderoient qu'on changeât très-peu de chose au régime intérieur.

moins convenable à une Colonie où les habitans fe renouvellent fans ceffe par l'inftabilité que le commerce y donne aux richeffes.

Quand je demande aux Colons les motifs du changement qu'ils ont en vue , ils ne me difent pas leur fecret, ils. ne conviennent pas que ce foit pour fe fouftraire à toute autorité , ils ne difent pas qu'il eft parmi eux quelques hommes qu'entrainent l'amour des nouveautés & le défir de participer à une révolution qui femble ne leur promettre que la liberté & le bonheur ; mais ils affirment avec cette intrépidité qu'ont toujours les gens accoutumés aux tonnerres & aux tempêtes , que leur régime intérieur eft déteftable , oppreffif, & que leurs adminiftrateurs ne font uniquement occupés que du foin d'ajouter chaque jour quelques anneaux à leur chaine.

Je fuis bien loin de penfer que la Colonie foit aujourd'hui adminiftrée comme elle pourroit l'être , & qu'il n'y ait pas dans cette machine vafte & compliquée , quelques refforts un peu trop tendus; mais en cherchant

à les adoucir par le concours d'un Intendant, en maintenant le pouvoir judiciaire
dans la poffeffion exclufive de tout ce qui
doit lui appartenir, & la Colonie dans le
droit de répartir non pas fon impôt, mais
fon don gratuit, il me femble que ni la raifon
ni la juftice ne pourroient être bleffées par
cette forme de Gouvernement (a).

Ce moyen fimple ne fera fans doute pas
adopté, parce que les habitans veulent fe
gouverner eux-mêmes, mais j'ofe leur prédire
que leur tranquilité fera troublée, & qu'en
confacrant tout leur tems à des délibérations
lentes, & à des chocs d'opinion d'où réfultera moins la lumiere que des embarras inex-
tricables, la culture en fera moins floriffante,
les chemins moins bien entretenus, & leur
liberté fera telle, qu'ils regretteront le tems
où ils croyoient n'en point avoir.

Américains, fongez que vos foyers font
déja menacés, & qu'éloignés de tout fecours,
il vous faut un point central où aboutiffent
tous les rayons du cercle dans lequel vous
êtes renfermés. Depuis long-tems, vous le
favez, il s'eft élevé une fecte philofophique

dont les intentions font pures, mais dont vous auriez dû, dès le premier moment, redouter les principes qui peuvent vous être applicables. C'eft au milieu d'elles qu'un auteur moderne a voulu obtenir une efpèce de dictature, en donnant des leçons aux Rois fur le grand art de regner, & à leurs Miniftres fur celui de régir des Colonies. Abufant quelquefois de la philofophie, il préfente des principes généraux là où il faut néceffairement admettre des exceptions. Il vous confeille avec l'éloquence la plus perfuafive de rompre avec la Métropole, fi vous n'en obtenez la plus grande liberté, & il excite vos efclaves à porter fur vous des mains parricides, fi vous ne les traitez pas comme des hommes libres.

Tant que l'autorité a maintenu fes droits, les aîles de cette dangereufe indépendance n'ont point été agitées, mais dès qu'elle a paru céder à quelques circonftances, il s'eft élevé une nouvelle confédération contre l'efclavage des Noirs, & tous les amis du genre humain fe font déclarés en leur faveur.

Bientôt le bruit de ce tocfin philofophique s'eft fait entendre jufqu'aux rivages du nouveau Continent. J'entends dire par-tout que les Planteurs qui réfident en France vont s'embarquer pour prévenir une infurrection. Seroit-il poffible que les amis des Noirs euffent provoqué, fans le vouloir, quelque cataftrophe fanglante contre les Blancs? Y auroit-il, dans ce fiecle de lumieres, des êtres maffacrés au nom de l'humanité comme, il y en eut dans le précédent au nom de la religion ? Mais non : pour que des efclaves en vinffent à cette terrible explofion, il faudroit qu'ils fuffent auffi malheureux que leurs défenfeurs le fuppofent.

En parcourant les quatre parties du globe, je les ai obfervés pendant plufieurs années fur le fable brûlant qui les a vu naître ; par-tout ils font expofés au pillage & à la captivité, & prefque toujous abrutis par la fuperftition, par l'ignorance & par le befoin (b). Je les ai vus enfuite en Amérique ; ils étoient affujettis au travail, quand ils étoient placés dans des manufactures, mais ils ne manquoient de rien, & leur fort me paroiffoit infiniment moins à plaindre.

Je fais que pour ne pas foutenir fans motif

la

la caufe de l'humanité, on a préfenté les habitans de l'Amérique comme des hommes cruels, qui fe plaifoient a abréger les jours de leurs efclaves par des punitions, par des tortures révoltantes ; c'eft un fait démenti par l'expérience. On a rencontré des maîtres barbares en Amérique, comme on rencontre des affaffins dans les Villes les mieux policées de l'Europe ; voudroit-on en conclure qu'il n'y en a en Amérique & en France que des bourreaux & des fcélérats ? L'intérêt du maître eft le garant le plus fûr de toute bonne police à cet égard, & je dois dire pour l'intérêt de la vérité que les efclaves ne font en général punis que par des coups de fouet, pour des crimes qui mériteroient la mort fi la loi les jugeoit. Il eft peut-être poffible de rendre leur exiftence encore plus fupportable, en leur impofant moins de travail, mais il y a déjà en Amérique tant d'habitans pénétrés de cette touchante vérité, que nous devons tous efpérer qu'elle fe propagera, & qu'enfin cet efclavage que la politique de l'Europe a rendu évidemment néceffaire, obtiendra quelqu'indulgence aux yeux même

B

de la philofophie. Ce parti eft fans doute pré-
férable à une révolution fubite que je crois
impoffible par toutes les Nations maritimes ,
à moins de facrifices incalculables qui change-
roient la face du Monde (c). Beaucoup d'hommes raifonnables penfent que la main du
tems qui travaille toujours avec fageffe & len-
teur , peut confommer ce grand ouvrage ;
mais , fagement avertis par l'impuiffance
actuelle de nos moyens , bornons-nous à prévenir une infurrection , dont le danger eft
encore plus effrayant parmi des êtres dépour-
vus de lumieres , & à former des vœux pour
le bonheur de l'humanité.

Pourrions-nous oublier ici d'en former de
particuliers pour la France , pour ce vafte
Empire qui dans les annales du Monde a toujours eu de fi hautes deftinées , & dont le
Souverain actuel a déjà montré tant de titres
pour être aimé ? —————— François , il travaille pour votre bonheur, travaillez donc auffi
pour le fien ; c'eft en rétabliffant le calme parmi vous, que vous le rétablirez dans fon cœur.

Il eft jufte que vous ceffiez d'être efclaves
de tout pouvoir arbitraire , & que vous récla-

miez les droits les plus sacrés de la Nature ; mais si le flambeau de la liberté , au lieu de vous éclairer , ne devoit plus servir qu'aux embrâsemens & aux pillages, si au lieu d'être porté par des citoyens vertueux , il ne devoit plus être agité que par la discorde, alors nous gémirions sur le sort de la France , nous la verrions se déchirer de ses propres mains , & nous croirions dans notre profonde douleur qu'elle va bientôt rentrer dans le néant où sont aujourd'hui plongées ces superbes & antiques Nations , qui ont tant brillé sur la terre , & dont il ne reste plus que quelques vestiges de temple , quelques arcs de triomphe à moitié détruits , & quelques tronçons de colonnes qui semblent rappeller sans cesse aux maîtres du Monde que leurs plus beaux monumens sont périssables comme eux.

> Des brigands vont changer en de tristes déserts
> Ces murs que si long-tems admira l'Univers.

Voltaire , Orphelin de la Chine.

B 2

NOTES.

(*a*) Pour démontrer que le régime intérieur de St. Domingue n'est par oppreffif, & qu'il y a peu de chofes à y changer pour le rendre bon, il faut néceffairement parler des circonftances dans lefquelles l'habitant eft fubordonné directement ou au jugement ou à l'autorité des adminiftrateurs.

Les affaires qui intéreffent le plus la culture, font les difcuffions qui naiffent entre les habitans pour tout ce qui eft relatif aux prifes d'eau, aux chemins, aux arpentages ou aux abornemens, aux conceffions de terreins & à leur réunion au domaine du Roi, quand ils ne font pas établis dans le délai prefcrit par l'ordonnance.

Comme il importoit aux progrès de la culture que ces matiéres ne fuffent pas foumifes aux formes lentes de la juftice ordinaire, le Gouvernement avoit établi dans cette Colonie un tribunal terrier dont les adminiftrateurs étoient juges, & où étoient admis trois confeillers du Confeil fupérieur pour faire les rapports des procès ; l'inftruction en étoit toujours confiée aux juges des lieux, comme commiffaires en cette partie.

Ce tribunal, dont les jugemens fe portoient par appel au confeil des dépêches, ayant été fupprimé en 1787, toutes les difcuffions de fervitudes relatives aux chemins, ont été attribuées aux juges ordinaires,

& il n'eſt reſté aux adminiſtrateurs que la connoiſſance de la diſtribution des eaux d'arroſage & de la réunion au domaine du Roi des terres non concédées & de celles non cultivées.

Toutes les autres matiéres civiles ſont du reſſort de la juſtice ordinaire & par conſéquent étrangeres aux adminiſtrateurs, à moins qu'ils ne prennent leur ſéance aux conſeils, où ils n'ont comme les autres membres, que leur voix délibérative.

Mais la réparation des chemins eſt une partie eſſentielle de l'adminiſtration, qui a toujours été du reſſort direct des adminiſtrateurs, & ce n'eſt pas celle qui cauſe le moins de ſollicitude. En uſant de beaucoup de ménagement & de douceur, on ſe fait aimer, mais les communications deviennent bientôt impraticables: En forçant, au contraire, chaque habitant d'entretenir la partie de chemins qui lui eſt aſſignée, on ſe fait haïr, mais on évite de grands inconvéniens, notamment celui des corvées publiques, dont les répartitions ſont quelquefois faites d'une maniére aſſez injuſte par les commandans de quartier; inconvéniens qui ne doivent pas avoir lieu quand les menues réparations ſont faites avec exactitude.

Au ſurplus les adminiſtrateurs, d'après les formes établies, ne font jamais réparer un chemin, qu'après avoir entendu les dires & repréſentations des parties intéreſſées, dont on dreſſe un procès-verbal, qui doit être homologué pour avoir ſon exécution.

Il ne devroit pas fuffire que les ordonnances particulieres pour les réparations des chemins, fuffent rendues par les adminiftrateurs en commun, il faudroit encore que leur exécution les concernât en commun, ce qui n'a pas encore été pratiqué à St. Domingue; de forte que quand il eft queftion d'envoyer garnifon dans une habitation pour en forcer le propriétaire à une réparation à laquelle il a confenti dans un procès-verbal homologué, l'Intendant devroit rendre légal, par fa fignature, cet acte de rigueur auquel il faudroit qu'il ne fe prétât, en qualité d'adminiftrateur civil, que dans des cas abfolument indifpenfables.

L'ordonnance de main forte pour l'exécution des fentences & arrêts n'eft jamais rendue que par le Gouverneur feul, quand il s'agit de dettes de cargaifons, conformément à l'ordonnance de 1775.

Quand toutes les autres dettes ne font pas de cargaifons, la main forte doit être accordée par les adminiftrateurs en commun, au défir des ordonnances de 1717 & 1745. Il auroit été à fouhaiter que l'on n'eût pas établi cette diftinction dans l'ordonnance de 1775, on fe feroit plus rapproché du Gouvernement civil, tant défiré dans les Colonies; mais comme il n'eft queftion ici que de l'exécution des jugemens rendus par les tribunaux, que la contrainte foit accordée par un feul adminiftrateur, ou par les deux enfemble, il eft évident qu'il n'y a encore rien d'arbitraire ni de defpotique dans cette autorité qui leur a été confiée.

La même ordonnance de 1775, attribue aux Gouverneur général & Intendant, le droit de faire des réglemens provifoires de police, & ce font les juges ordinaires qui doivent tenir la main à leur exécution, & connoître de toutes les contraventions qui y font faites, fauf l'appel au Confeil fupérieur.

Il faut avouer que le Gouverneur emploie trop fouvent le miniftére de l'État-major pour affurer l'exécution de ces loix, & que cette portion d'autorité qu'il s'eft exclufivement attribuée, (& que fes fous-ordres s'attribuent également,) eft dangereufe dans un pays uniquement confacré à la culture, & qu'elle donne lieu à beaucoup de réclamations fondées ; mais j'ai toujours penfé qu'il étoit facile de remedier à cet inconvénient en faifant, (comme je l'ai déjà dit,) concourir l'Intendant à l'exécution des loix & des ordres relatifs à la police.

On objectera fans doute qu'en employant ces moyens, c'eft forcer deux hommes à penfer toujours de même & établir entre eux une guerre éternelle. On doit s'attendre en effet à des difcuffions entre les adminiftrateurs, tant que leurs pouvoirs feront communs dans toutes les affaires civiles, mais il eft à croire que ceux qui réfulteroient de l'adminiftration d'un feul feroient encore plus dangereux, & que le Gouvernement en feroit moins éclairé ; & en fixant mûrement fes idées fur les maux qu'il faut le plus éviter, la diverſité d'opinions de deux hommes en eſt un moins grand que celle de 200 qui, dans le ſyſtême d'une aſſemblée municipale, n'auroit qu'un ſeul plan, celui d'affoiblir ou briſer tous les reſſorts de l'autorité.

Il me reſte à parler de l'établiſſement des milices, comme de l'objet le plus important à rectifier, parce que dans l'état actuel, il donne au Gouverneur une prépondérance qui tient preſque toute la Colonie dans ſa dépendance.

C'eſt à l'époque de 1760 que les États-majors & milices commencerent à exciter des plaintes. Le Gouverneur général & l'Intendant, diviſés alors, avoient formé deux partis. Suivant l'un, tout devoit être dé·pendant de l'autorité militaire, & ſuivant, l'autre de l'autorité civile. Le procès ayant été jugé en faveur de l'Intendant, il ne reſta au Gouverneur que le commandement des troupes. Les commandans, les lieutenans de Roi, les majors, tout fut ſupprimé, & l'on ne vit plus dans la Colonie que des ſubdé-légués, des Syndics, &c. Tout changea de nom, tout prit une nouvelle forme.

Les habitans auxquels il reſte le ſouvenir de cet événement, peuvent atteſter que ce triomphe de l'autorité civile devint une ſource de malheurs pour la Colonie, que tous les liens de l'obéiſſance furent rompus, & que l'eſprit de cabale s'introduiſit dans tous les Corps. On ne ſavoit plus, en effet, ni qui commandoit, ni à qui l'on devoit obéir, & l'autorité ne cessa d'être compromise jusqu'en 1764, que l'on changea cette forme de Gouvernement.

Alors on vit tous les pouvoirs que l'Intendant avoit obtenus, repasser au militaire, & toute la Colonie lui être asservie. Ce moment fut encore un peu convulsif, parce que les citoyens ne virent pas sans douleur que l'on vouloit les destiner à porter continuellement les armes, & les soumettre à toutes les loix & corvées militaires comme toutes les troupes réglées. Tout le monde convient que dans cette révolution, le parti dominant fut quelquefois un peu trop sévere, & que les sous-ordres abuserent souvent de leurs places, en répandant la terreur où il ne falloit que de la justice & de la modération ; mais enfin tout fut remis dans l'ordre en 1766, d'après les principes que peut exiger un pays de cultivateurs.

Depuis ce tems, on a encore demandé plus d'une fois si les milices étoient nécessaires à St. Domingue, mais je ne crois pas que ceux qui ont observé l'administration de cette Colonie avec un peu de lumieres & d'attention, puissent faire cette question de bonne foi. Il me semble que cette chaîne de pouvoirs, qui s'étend d'une extrêmité de la Colonie à l'autre, est infiniment importante pour maintenir la tranquillité des esclaves ; & qu'elle peut l'être jusqu'à un certain point, pour retarder les progrès de l'ennemi en tems de guerre.

Il n'est donc rien de juste, rien de raisonnable sur la terre, qui ne soit susceptible d'abus. Ces milices,

C

Inſtituées pour concourir à la défenſe de la Colonie, & en aſſurer le repos, ſont compoſées d'habitans qui doivent être, tour-à-tour militaires & citoyens libres. Lorſqu'ils ſont militaires, ils veulent qu'on les traite comme citoyens libres ; & lorſqu'ils ſont citoyens libres, ils veulent être militaires ; & exagérant alors leurs droits, ou plutôt leurs prétentions, ils agiſſent quelquefois deſpotiquement à l'égard de leurs inférieurs. Il n'eſt même pas ſans exemple que les Gouverneurs, de leur côté, ayent confondu ces deux qualités qu'il leur eſt toujours recommandé de diſtinguer ; & il eſt certain qu'il peut réſulter de grands inconvéniens de cette alternative de poſitions.

En effet, il n'eſt pas de jugement arbitraire qu'un commandant ne puiſſe prononcer contre un habitant, ſous prétexte de diſcipline militaire ; comme il n'eſt pas de cri, pas de plainte d'habitant, qui ne puiſſent paroître légitimes, ſous prétexte qu'il eſt citoyen libre.

Cette confuſion, qui ne vient pas de la loi, mais de ceux qui doivent s'y ſoumettre, parce qu'ils ſont hommes & qu'ils ont des paſſions, a fait plus d'une fois penſer que ces milices, ſur le pied où elles ſont établies, ne pouvoient convenir à un pays d'agriculture ; que leur principale deſtination, d'après l'ordonnance de leur rétabliſſement, étant de veiller à la ſûreté intérieure, & d'être chargées de fonctions municipales, il n'y avoit pas d'autre moyen de les rendre utiles, que de les établir ſur le pied de troupes bourgeoiſes, diviſées comme elles le ſont aujourd'hui,

& de les obliger d'avoir des armes, de s'affembler au premier coup de tambour, de paffer les mêmes revues, & d'être foumifes aux deux adminiftrateurs, qui ne pourroient, l'un fans l'autre, les mander & les punir. Si l'on admet, comme je n'en puis douter, la néceffité des milices, il femble que ce projet, purement civil, remedieroit à tous les inconvéniens, fans occafionner aucun relâchement dans cette portion d'autorité, que l'on doit confidérer comme la plus importante pour la tranquilité de la Colonie.

(b). Les Rois de cette contrée, ou leurs *grand-gens*, viennent ordinairement avec leurs petites armées furprendre les habitans de tout un village au point du jour, les pillent, les font captifs, & les font conduire enchaînés, & fouvent déja bleffés, dans le lieu où ils doivent être vendus. Qu'on fe garde bien de croire qu'ils font tous deftinés pour l'Amérique, & qu'il n'y auroit point d'efclaves fi nous n'en achetiôns pas. Tous ces roitelets, qui fe multiplient à l'infini, & dont les Royaumes n'ont pas toujours vingt lieues en longueur & en largeur, mettent du fafte à en avoir beaucoup; ils en vendent auffi aux Maures qui s'en fervent pour cultiver leurs terres, & ces derniers leur donnent en échange des chevaux. On donne ordinairement dix à douze hommes pour un cheval.

(c). On pourra juger par le tableau ci-après, des facrifices qu'auroit à faire la France, fi le projet de fupprimer la traite des Noirs, ou pour mieux dire de n'avoir plus de Colonies avoit quelque prépondérance dans l'Affemblée Nationale.

RÉSUMÉ des États du Commerce des Colonies de l'Amérique, pendant l'année 1787.

Exportations des Ports de France
aux Colonies . . . . 73,767,000 liv.
Importations des Colonies en
France . . . . 193,992,000 liv.

Exportations pour la traite des Noirs. 17,000,000 liv.
Importations des Noirs dans les
Colonies — 31,181 têtes. . . . 42,360,000 liv.

Exportations pour le Commerce
des Pêches. . . . . 4,145,000 liv.
Importations en France d'objets de
Pêches . . . . 16,424,000 liv.

Importations du Commerce étran-
ger dans les Colonies Françaises. 20,008,000 liv.
Exportations des Colonies Françai-
ses à l'Etranger. . . . . . 13,839,000 liv.

Marchandises des Colonies, expor-
tées des Ports de France à l'E-
tranger . . . . 140,475,000 liv.

Quel mouvement dans les hommes & dans les choses un tel Commerce ne fait-il pas supposer ?

F I N.